AF435451

Fútbol:
DIRECCIÓN DEPORTIVA y DESARROLLO DE PROYECTOS DEPORTIVOS

Manuel Jesús Crespo García

Título: FÚTBOL: DIRECCIÓN DEPORTIVA Y DESARROLLO DE PROYECTOS DEPORTIVOS
Autor: MANUEL JESÚS CRESPO GARCÍA
Corrección del texto: MANUELA CASTILLO SOLER

Editorial: WANCEULEN EDITORIAL
Sello Editorial: WANCEULEN EDITORIAL DEPORTIVA

ISBN (Papel): 978-84-18262-75-3
ISBN (Ebook): 978-84-18262-76-0

DEPÓSITO LEGAL: SE 921-2020

Impreso en España. 2020

WANCEULEN S.L.
C/ Cristo del Desamparo y Abandono, 56 - 41006 Sevilla
Dirección web: www.wanceuleneditorial.com y www.wanceulen.com
Email: info@wanceuleneditorial.com

ÍNDICE

PRÓLOGO

La Dirección Deportiva es una de las actividades que más difusión ha tenido en los últimos años en el ámbito del fútbol en los países de Europa. Se ha producido un desarrollo constante de los elementos que debe considerar un Director Deportivo para llevar adelante su trabajo, pero lo interesante de la propuesta que tendrá el lector a su alcance es la diversidad de aspectos que engloba.

En el fútbol moderno, la delegación de funciones ha sido una constante. Los Directores Técnicos han delegado sus funciones a especialistas, cada cuerpo técnico consta de más de seis o siete componentes, los cuales ejercen funciones delegadas del Técnico principal.

En el ámbito de los clubes (considerados como asociaciones civiles o sociedades anónimas deportivas), la delegación de funciones ha recaído en distintos actores, llamados de alguna manera especial pero que ejercen sus actividades con facultades similares. En su caso, se han referido a Manager, Director Deportivo, Secretario Deportivo, Secretario Técnico, en fin, cada país ha denominado la función de la manera más adecuada posible, pero lo que verdaderamente nos interesa es el alcance de las facultades, la autonomía en la decisión y la complejidad de los temas que debe abordar el Director Deportivo.

El autor nos formula una propuesta inteligente, nos lleva a pensar al Director Deportivo desde una forma muy dinámica, verdaderamente podemos visualizar que los conceptos vertidos en el libro mantienen una absoluta actualidad y evidencian el conocimiento fáctico. De poco sirven los libros que no contienen un viso de aplicabilidad, aquellos que resultan ser utópicos, que sólo aportan soluciones de laboratorio. Entendemos que la propuesta impulsada por el autor, se corresponde a datos de la realidad y nos permite ingresar al mundo de la Dirección Deportiva en el ámbito del fútbol con un pensamiento innovador, aportando ideas prácticas a situaciones de todos los días, aquellas respuestas que se buscan al momento de encontrarnos con algún inconveniente directo.

El libro contiene una postura sobre la inclinación sobre la cual debe considerarse a la figura del Director Deportivo. Habitualmente nos vemos en la disyuntiva de considerarlo como parte del Cuerpo Técnico, otras veces sólo como parte de la Dirigencia. Entendemos que aquí se encuentra bien expresado el lugar que debe ocupar y el rol que debe desempeñar.

El lector verá especialmente la cantidad de propuestas que se realizan sobre ámbitos de la economía del club, de las reglamentaciones de las competencias, de las reglamentaciones de las instituciones, cuestiones legales y distintos aspectos que implican una constante actualización en diversos temas que deberá el Director Deportivo tomar como propios.

Invitamos a una profunda lectura del libro donde cada uno podrá ver propuestas concretas y además, utilizar en la práctica, soluciones aportadas que resultan de utilidad en el trabajo diario.

Justo Villar Viveros
Director Deportivo de la
Asociación Paraguaya de Fútbol

1. DIRECCIÓN DEPORTIVA

INTRODUCCIÓN

El fútbol va evolucionando en todos los aspectos que lo componen y, entre ellos, destaca, en el momento que nos encontramos, la figura del Director Deportivo. El Director Deportivo se entiende como el máximo responsable del área deportiva y como la persona encargada de desarrollar el proyecto deportivo de un determinado club apoyado en los recursos económicos y humanos que este posee. El crecimiento del club dependerá mucho del "rendimiento" que pueda dar el Director Deportivo.

Las Federaciones Nacionales de Fútbol reconocen en su Reglamento General la figura del Director Deportivo. Cada club puede interpretar esta figura sin necesidad de una formación específica al no estar concretada en los reglamentos. Cada día alcanza mayor importancia, hasta el punto de que las Federaciones contemplan distintas actividades formativas para su desarrollo. También es cierto que, con anterioridad, las universidades ya realizaban formación para la Dirección Deportiva de entidades deportivas, pero sin la particularidad del ámbito futbolístico.

Las funciones de los Directores Deportivos eran asumidas por los propios dirigentes de los clubes, apoyados en asesores con experiencia en otros ámbitos del fútbol. Las personas que aspiran a estos cargos suelen ser entrenadores o exjugadores que pasan a desarrollar un trabajo más administrativo, pero en contacto con el mismo ámbito, aunque la aparición de este nuevo cargo siempre está condicionada por los dirigentes de los clubes que son finalmente "los dueños de los clubes". El Director Deportivo en fútbol ha de tener una visión generalizada del club y de las singularidades del fútbol

Los clubes deportivos no todos son empresas (S.A.D.), aunque la gestión de estos sea cada vez más empresarial y siempre haya que cumplir con unos requisitos financieros para su sostenibilidad en el tiempo.

Existen diferentes modelos de gestión deportiva y distintas formas de enfocar la función del Director Deportivo atendiendo a los recursos anteriormente mencionados y sabiendo que el principal objetivo tiene que ser la estabilidad en el tiempo y la sostenibilidad del club.

Algo obvio, pero muy necesario de recordar en los tiempos que corren, es que no se puede gastar lo que no se tiene y que no se espera tener. Los Directores Deportivos tenemos en nuestras manos los recursos de los que dispone nuestro club para generar rendimiento y este rendimiento puede ser económico o deportivo, atendiendo a los objetivos del club. El buen hacer de un Director Deportivo conlleva a que el desarrollo del club continúe y que se produzca un crecimiento.

Cada club puede gestionarse de diferente forma, atendiendo a su estructura y a los recursos disponibles. No existen dos clubes iguales y por lo tanto, los Directores Deportivos tendrán dentro de sus cualidades la capacidad de adaptación al entorno y la de optimizar los recursos.

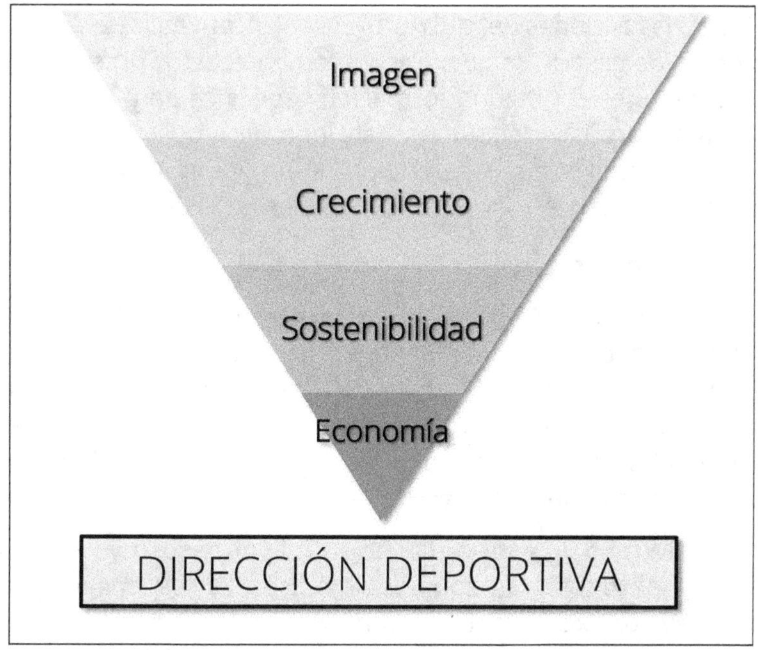

1.1. MODELOS DE GESTIÓN

Cada club es distinto en cuanto a funcionamiento y a organigrama. Todo depende de cómo distribuya las funciones y en quién resida el poder de decisión de cada parcela. Para explicar los modelos de gestión de la Direcciones Deportivas vamos a dividirlos en tres modelos sabiendo que siempre son adaptables a la idiosincrasia de cada club:

Modelo Presidencialista

El presidente es la "figura" más importante del club, marca las líneas de trabajo y sobre él recaen todas las responsabilidades de toma de decisión. Esta "centralización" de poderes agiliza las decisiones y enfrentamientos dentro de las líneas de trabajo ya que es sólo una persona la que decide y ejecuta las acciones del club. El principal inconveniente de este modelo de gestión es que, frecuentemente, estos presidentes no suelen tener ninguna formación específica para ocuparse de estas tareas y decisiones. Este tipo de modelo carece de planificación a largo plazo, suelen ser muy "impulsivos" en las decisiones y suelen ser poco sostenibles en el tiempo.

Modelo Anglosajón

La figura fundamental sobre la que recae toda la responsabilidad deportiva es el "Manager" o entrenador. El entrenador marca las líneas de trabajo y define el proyecto deportivo apoyándose en los recursos humanos y económicos del club, siendo el entrenador quien fiche, organice y desarrolle todas las acciones deportivas del club.

Este modelo está cada vez en mayor desuso ya que es usado, sobre todo, en equipos británicos. La responsabilidad deportiva es exclusiva del entrenador y quienes ocupan estos cargos suelen ser entrenadores de dilatada experiencia y bastante conocedores de la competición.

Modelo Mixto

Este tipo de modelo no tiene una figura que lo encabece o lidere *a priori* y reparte las funciones y "las responsabilidades" en tres personas:

1. **Presidente:** Tiene responsabilidades económicas e institucionales.

2. **Director Deportivo:** Traza las líneas deportivas del club y es el encargado de captar y hacer el seguimiento a los jugadores y entrenadores.

3. **Entrenador:** Informa de las necesidades y optimiza los valores del club.

En algunos clubes o entidades aparecen otras figuras como el Secretario Técnico, Coordinador de cantera, Director de captación... Todos ellos supervisados y coordinados en funciones por el Director Deportivo.

En este tipo de modelos de presidente o de gestión de un club, el presidente solo participa en las decisiones deportivas de las que se derivan consecuencias económicas o sociales que puedan ocasionar replanteamientos de presupuestos o generen inestabilidad en la masa social que sustenta el club.

1.2. FUNCIONES Y HABILIDADES DE LA DIRECCIÓN DEPORTIVA

Director Deportivo es la denominación que recibe el cargo responsable de gestionar el capital humano (deportistas y entrenadores), que forma parte de un club deportivo o institución con equipos deportivos, aunque también pueden ser un colegio o una universidad.

El Director Deportivo debe ser un profesional en la materia, independientemente de la categoría en la que esté el club, con una gran responsabilidad y ética para poder llevar a cabo sus funciones.

En algunas ocasiones no marca los objetivos y las estrategias, ya que estos vienen determinados por un proyecto de mayor índole y sus funciones son más controladoras y ejecutoras para que se cumplan correctamente y satisfagan las necesidades del club.

Lo primero que tiene que saber un Director Deportivo es cuáles son los objetivos que debe cumplir su equipo. La importancia de definir bien los objetivos va a marcar todas las decisiones que se tomen durante el transcurso de la temporada. Los objetivos tienen que ser alcanzables, coherentes con los recursos del club, que hagan sostenible al club en el tiempo y no lo "hipotequen¨ para futuras temporadas y que, sobre todo, ilusionen al aficionado, ya que este es el principal valor con el que se encuentra el club para el desarrollo de todos los proyectos.

Una vez se haya definido el objetivo o los objetivos principales del equipo o del club, el Director Deportivo tiene que valorar los recursos humanos necesarios para llevarlos a cabo, definiendo un estilo y unos valores que van a ser la seña de identidad del club y que van a ayudar a alcanzar los objetivos marcados. Los objetivos deben ser explicados a la Dirección del club (presidente, Junta Directiva, Consejo de Administración...) de manera que entiendan sin tener que dar explicaciones durante la toma de decisión los movimientos que se van a realizar en el club. Esto hará que nuestras decisiones sean respaldadas en todo momento por quien dirige todos los estamentos del club.

El gasto que realizan los clubes no es proporcional a los resultados que se consiguen, por eso el Director Deportivo es de vital importancia en la optimización de las inversiones realizadas.

Existen una serie de circunstancias que un Director Deportivo tiene que conocer para saber hasta qué punto puede controlar los resultados de su trabajo.

1. **El resultado de los partidos no es predecible,** ni controlable. Exactamente igual que la función del entrenador, la función del Director Deportivo no adquiere una estrecha proporcionalidad con la inversión realizada y con el tiempo dedicado. Los Directores Deportivos han de centrarse en "el camino", en la forma de conseguir los resultados, en trazar un plan estratégico que sea sostenible y que se acerque al máximo a los objetivos marcados y esté preparado para el desarrollo y la sostenibilidad del club en el tiempo.

2. **No existe una "vara" objetiva** para medir el rendimiento de los jugadores y entrenadores en un deporte colectivo. En el fútbol intervienen multitud de factores que influyen de manera diferente en los individuos que participan en el juego. Es difícil objetivar e individualizar el rendimiento de estos en cada momento.

3. Uno de los **factores influyentes e "incontrolables"** en el juego es el factor arbitral. Es un factor con un porcentaje de error con el que hay que contar y preparar a los equipos para competir e intentar que sea lo menos influyente posible en los resultados. ¿Cómo influyen estos en los resultados deportivos y económicos de los equipos?

4. El valor más importante de los equipos de fútbol es el **talento de sus jugadores**. No hay ninguna norma que diga que, si un jugador destaca y tiene mucho talento en edades tempranas, vaya a desarrollar ese talento y vaya a llegar a ser futbolista profesional. Por eso la labor de la Dirección Deportiva de un club tiene que ser potenciar ese talento y ponerlo en valor, creando un entorno que lo favorezca para que fluya.

5. **"La teoría del primer semestre"** es una teoría no escrita según la cual los jugadores nacidos en el primer semestre del año tienen más posibilidades de ser profesionales que los nacidos al final.

6. **No existe la fórmula perfecta** para gestionar un fichaje, su sueldo y su rendimiento.

7. A **los padres** nadie los ha formado para ser padres y mucho menos para ser padres de un "potencial futbolista".

8. Las **instalaciones** suelen estar infrautilizadas.

   ...

1.2.1. Perfil del Director Deportivo.

La persona encargada de la Dirección Deportiva de un club tiene que destacar en educación, sabiduría y liderazgo. Hay que tener en cuenta que en muchas ocasiones será la imagen del club y lo representará. La experiencia en la materia será una plusvalía pero no debe ser un factor determinante, ya que muchas veces el conocimiento y las habilidades sociales pueden compensarlo. Debe "saber de todo", de todos y de el mismo.

La experiencia como futbolista o cómo entrenador puede ayudar pero no necesariamente tiene que ser un valor añadido, en algunas ocasiones, pensar como un entrenador o como un futbolista puede jugar en contra de los intereses del cargo

Para ser un líder en la Dirección Deportiva de un club hay que decidir, comunicar y seducir.

Características del perfil humano de la figura del Director Deportivo:

- **Emocionalmente estable.** La estabilidad emocional es importante por la exposición que tendrá y porque un club o equipo pasa por diferentes momentos a lo largo de la temporada o los años y debe tener capacidad para sobrellevarlos.

- **Extrovertido.** Una persona cerrada no transmite y cuando lo hace cuesta generar confianza en los cercanos.

- **Equilibrado.** Debe ser equilibrado en sus decisiones y no descompensar ninguna estructura con decisiones desproporcionadas o insuficientes para afrontar los momentos.

- Capaz de **organizar y administrar** grupos humanos. El gran valor de los clubes y de los proyectos para alcanzar los objetivos son los recursos humanos. Una buena distribución y un buen reparto de responsabilidades acercará al club a los objetivos marcados.

- **Comprensivo** con las personas que lo rodean. Las habilidades sociales y la empatía con el grupo de trabajo desde el conocimiento de la realidad en la que se desenvuelve el club harán que entienda todas las situaciones.

- **Autocrítico.** Asumir los errores y evaluarse de manera interna sin eludir su responsabilidad le ayudará a estar siempre alerta en la toma de decisión. Seguro y conocedor de sus posibilidades le hará actuar con responsabilidad.

- **Motivado y motivador.** Transmisor de un sueño y una idea como objetivo. Debe conseguir el máximo rendimiento de todos los que trabajen con él y hacerlos participes de ese sueño.

- **Estudioso y actualizado.** Conocedor del medio y las tecnologías aplicadas a la Dirección Deportiva para alcanzar los objetivos y ser un facilitador de entornos favorables.

- **Constructivo.** Los Directores Deportivos están para generar cambios y crecimiento en el club en todos los ámbitos.

- **Convincente.** Ha de tener capacidad para convencer tanto a los jugadores para fichar por el club, a los dirigentes de las medidas o las decisiones que se consideren necesarias, a los aficionados ...

- **Abierto** a las propuestas, cambios, mejoras y actualizaciones. Debe saber escuchar y salir de la zona de confort para poder progresar y crecer de la mano del club.

- **Metódico.** Llevar registros, seguir una forma de actuar o decidir, intentar objetivar su trabajo en busca de rendimiento y tener constancia en el tiempo. Planificar las temporadas. Los registros y los datos nos ayudarán a poder evaluar de manera más objetiva atendiendo a los intereses del club.

- **Flexible.** Preparado para los cambios y los imprevistos durante las temporadas. La parte impredecible del juego hace replantear decisiones y que haya que realizar cambios que a priori no se consideraban.

- **Responsable.** Debe actuar con responsabilidad en las decisiones que tome con respecto al club y sus repercusiones.

- **Buen gestor**. Saber gestionar tanto los recursos humanos como los económicos en busca del beneficio del club y los objetivos deportivos.

- **Independiente.** Aunque tenga que rendir cuentas a la Dirección General del club, ha de tener independencia para tomar decisiones y no tener intereses dependencias externos para poder decidir.

Como gestor de grupos humanos ha de conseguir que **las personas que trabajen con él en la Dirección Deportiva** de manera directa y los dependientes de la misma, sean eficaces:

- Han de estar **implicados** en el proyecto y sentirse parte importante del mismo para llevarlo a buen puerto. Para ello ha de haber un alto grado de implicación en el trabajo. Las condiciones laborales deben ser aceptables.

– Debe haber un **reconocimiento** por el trabajo bien hecho y saber reforzar de manera positiva ante los demás trabajadores el buen hacer.

– Las **remuneraciones** son importantes y crear un sistema en el que los trabajadores puedan estar motivados económicamente por lograr los objetivos, hará que sean mas competitivos, eficientes y fomentará el esfuerzo.

– Saber **delegar** funciones y que los trabajadores tengan capacidad de tomar decisiones dentro de su ámbito y conociendo las políticas del club facilitará la funcionalidad del club.

– **Tratar a todos las personas de manera justa**. No es necesario tratarlas a todas igual porque no tienen las mismas necesidades e inquietudes.

Habilidades del Director Deportivo

Los conflictos y la resolución de problemas en la Dirección Deportiva, serán situaciones que afrontar con normalidad en la rutina diaria con la responsabilidad del cargo y el volumen de personas dependientes del mismo.

Para ello, he adaptado unas normas para gestionar conflictos de Ismael Díaz en *Dirigir Equipos: El Arte del Estratega*.

Qué **NO** hacer ante los conflictos:

⇓ No encararlo frontalmente.

⇓ Evitar o ignorar el conflicto.

⇓ Recurrir a las amenazas o a la violencia.

⇓ Aterrorizarse ante la posibilidad de que el conflicto sea divulgado y se propague.

⇓ Exceso de celo. Poner la venda antes de la herida. No inventes problemas, simplifica. De situación, ten en cuenta:

  ○ Qué es en sí misma, cuál es su naturaleza.

  ○ El impulso inicial de la emoción hay que dejarlo sosegarse en la cabeza.

  ○ El tiempo suele encargarse de resolver muchos problemas.

  ○ A veces liderar es un ejercicio de contención.

⇓ Despreciar o atacar el orgullo o la autoestima de la otra parte o de aquellos a los que representa.

⇓ Establecer un proceso de comunicación confuso.

⇓ Basar todo en las percepciones. No ser objetivo.

⇓ Definir todo en ganar o perder. Entre el blanco y el negro hay una extensa gama de grises.

Qué **SÍ** hacer ante los conflictos:

⇑ Encontrar un terreno que permita un vínculo común, para que no sea violento para ninguna de las partes.

⇑ Crear en el otro la sensación de que es entendida manejando la empatía.

⇑ Reconceptualizar el conflicto mediante la redefinición.

⇑ Crear criterios objetivos para la evaluación. Los datos nos ayudarán a objetivar.

⇑ Controlar las emociones para no llevar el conflicto a un ámbito personal.

⇑ Ser equitativo. Tener un buen criterio de justicia.

⇑ Aportar hechos además de palabras. Un primer paso es decir las palabras oportunas en el momento adecuado. Ser coherentes para sentirnos respetados. Decir lo que se piensa y hacer lo que se dice.

⇑ No prometer más de lo que se puede dar y dar más de lo prometido.

⇑ Saber distinguir cuando el diálogo es solución o puede llevarnos a un problema. Si no existe posibilidad de encuentro y el diálogo solo lleva al distanciamiento.

⇑ Saber identificar cuando se está dialogando y cuando se está discutiendo.

Una buena gestión de los conflictos nos ayudará a ser mejores en nuestro ámbito y a tener un valor añadido en nuestro trabajo. Saldremos reforzados de unas situaciones que a priori no nos benefician.

1.2.2. Organigrama de la Dirección Deportiva

El Director Deportivo es el máximo responsable del área deportiva del club y se reunirá con la dirección general para comunicarle la línea de trabajo e informarle de las operaciones en curso.

La Secretaría Técnica puede estar dividida en una parte profesional y otra de fútbol base. La Secretaría Técnica suele tener autonomía para muchas de sus decisiones, aunque siempre tiene que estar en constante diálogo con la Dirección Deportiva, ya que su opinión tendrá un fuerte peso en la línea de trabajo.

Los ojeadores pueden ser internos o externos. Los externos serán los encargados de la captación y los internos se ocuparán de las necesidades de los equipos: informes del rival, informes del propio equipo...

1.2.3. Funciones del Director Deportivo

Las funciones o responsabilidades que tiene un Director Deportivo son:

- √ Coordinación deportiva del club.
- √ Coordinación de la Secretaría Técnica.
- √ Máximo responsable del área deportiva.
- √ Organización de la infraestructura deportiva.
- √ Planificación de los fichajes del club.
- √ Colaboración con las distintas áreas del club: prensa, departamento jurídico, departamento financiero...

√ Control y distribución de la información de la Dirección Deportiva para que llegue al entrenador, a las áreas del club, a los dirigentes, ...

√ Relaciones con otros clubes.

√ Responsable máximo de la confección de las plantillas, negociadas con los entrenadores (altas y bajas).

√ Negociación de los contratos con jugadores, agentes y técnicos.

√ Control y gestión del "presupuesto deportivo".

√ Reuniones con los agentes/padres de los jugadores.

√ Enlace entre la plantilla y la dirección del club.

√ Controlar los equipos de cantera para ayudar en la toma de decisiones y en la organización (esta función requerirá ver muchos partidos).

√ Coordinar el paso de los jugadores al equipo de superior categoría, tanto en entrenamientos como en competición.

√ Cubrir las bajas que se ocasionen en el transcurso de la temporada.

√ Asistir al mayor número de entrenamientos posibles.

√ Estar siempre disponible para todo el personal del club (jugadores, directivos, entrenadores, prensa...). El teléfono tiene que estar siempre operativo, nuestro trabajo nos exige dedicación máxima.

1.2.4. La Secretaría Técnica

En los clubes profesionales la Secretaría Técnica es un área dependiente de la Dirección Deportiva y consta de muchos recursos humanos y económicos para llevar a cabo sus funciones. La realidad del "fútbol modesto" nos lleva a que todas las funciones de la Secretaría Técnica recalen en la figura del Director Deportivo. Por eso el seguimiento de partidos, rivales, jugadores y entrenadores tiene que ser "de calidad".

Hay que seleccionar el mercado acorde al equipo en el que estamos y seleccionar los perfiles y las necesidades que tiene nuestro club para poder cubrirlas con la mayor garantía posible y con los recursos disponibles.

1.2.5. Relaciones de la Dirección Deportiva

Felipe Miñambres Fernández

Las Relaciones con el Cuerpo Técnico del Primer Equipo.

Debe haber una buena relación con todos ellos porque serán los encargados de llevar a cabo el proyecto deportivo. Es la relación más importante para el Director Deportivo porque todos los integrantes del cuerpo técnico tienen que ir en el mismo camino con un diálogo fluido.

Esta relación ha de estar basada en la confianza y sinceridad mutua. Las decisiones finales con respecto al equipo son competencias del entrenador, pero nosotros tenemos que estar cerca como un elemento de apoyo y de consulta. El entrenador se suele sentir muy solo en los momentos difíciles y tenemos que ser su principal apoyo para que sea capaz de sacar lo mejor de sí mismo, aquello por lo que nos fijamos en él y nos hizo que fuese la persona en cuyas manos pusimos nuestro proyecto deportivo.

Las relaciones con los Agentes

A los agentes de los jugadores no tenemos que verlos como un enemigo, son trabajadores a los que les corresponde una remuneración por el trabajo realizado. Nuestra relación con ellos tiene que ser cordial y no podemos negarle su remuneración. Los representantes pueden sacarnos de un apuro y, en ocasiones, completan las posibles lagunas en recursos humanos existentes en nuestro club. Pero sin "hipotecarnos" a ninguno de ellos y sin cerrarle las puertas de manera contundente a ninguno de ellos. Son multitudes los ejemplos de fichajes que ha tenido que llevar a cabo la Dirección Deportiva de un club de manera urgente y la buena relación con los agentes ha hecho que el resultado de la operación haya sido satisfactorio para todas las partes.

Es importante que los agentes acrediten en todo momento que están capacitados para gestionar la incorporación del jugador para no hacernos perder el tiempo y que las negociaciones que se lleven a cabo estén respaldadas en todo momento por las partes interesadas. Es importante aclarar los derechos que tiene sobre el jugador y la posibilidad de la negociación con él. En muchas ocasiones, los intermediarios pueden hacernos perder el tiempo, ya que no tienen capacidad para negociar en nombre del jugador y, aunque nos parezca una formalidad innecesaria, es lo primero que debemos tener claro para poder comenzar las negociaciones.

Las relaciones con la prensa

Si no tenemos un departamento de prensa en nuestro club, seremos la persona a la que acudan en todo momento los medios para recibir y contrastar información.

Hay periodos en los que tenemos que ser muy comedidos con la información porque una mala gestión de esta puede hacer peligrar una incorporación o puede generar una situación de incertidumbre o crispación que puede perjudicarnos en nuestra labor.

La cordialidad y el respeto a pesar de las opiniones contrariadas que se puedan verter tienen que ser nuestro sello como Director Deportivo porque estamos expuestos y en el punto de mira ante cualquier situación conflictiva que se genere en el club. Nuestra figura nunca puede estar implicada en una filtración y se tiene que caracterizar por el hermetismo y la confidencialidad que conlleva nuestro cargo. Todo esto no quiere decir que no seamos claros y sinceros en nuestras declaraciones, pero sí es cierto que desde nuestra posición tienen que partir los "discursos del vestuario" y del club.

La comunicación y los mensajes que queramos transmitir de nuestro equipo o club tienen que estar muy medidos, es importantísimo para el funcionamiento del club. No siempre tenemos un jefe de prensa o alguien encargado de mantener las relaciones con los medios de comunicación. En innumerables ocasiones, seremos nosotros los que tendremos que desarrollar esta tarea.

Los medios tienen que conocer lo que nosotros queramos que conozcan. Por eso, tiene que estar claro quién es el interlocutor encargado de estas funciones para dar a conocer la actualidad y las novedades existentes en el club.

El manejo de las redes sociales (*Facebook, Twitter, Instagram, web*...) puede ser la forma oficial de atender a los medios y de transmitir la información. No es conveniente hacer excepciones con ningún medio y hay que tener un trato equiparable entre unos y otros, así como siempre mantener un trato cordial, correcto y colaborador con ellos.

Es importante no mentir a los medios. Debemos utilizar de manera inteligente los silencios y marcar los tiempos de las noticias para que estas no nos sorprendan a nosotros. Los pactos con los medios a la hora de contrastar noticias nos ayudarán a que no estropeen negociaciones, fichajes, salidas de jugadores...

Tenemos que liberar al entrenador de sus intervenciones para que se pueda centrar en su trabajo sin que se distraiga de sus funciones para que atienda a los medios con buen talante, sin sentirse aturdido por alguna noticia o información poco veraz o que no le interese comentar.

SI los equipos están en una categoría superior, los medios que cubren los equipos tienen mayor relevancia, los que forman parte de los medios suelen ser aficionados del equipo... Aprovechemos estas circunstancias para que todos ellos sumen en nuestra labor y sean parte de nuestras estrategias para conseguir los objetivos marcados.

Las relaciones con el fútbol base/ cantera

Desde nuestra posición es muy difícil controlar todos los equipos de cantera y de la escuela del club. Por esta razón es importante tener una persona encargada de realizar toda esa labor y sobre la que descargar responsabilidades, aunque el Director Deportivo sea quien trace las líneas que servirán de guía en el fútbol base del club. La cantera ha de tener autonomía propia, pero debemos estar informados de los movimientos para reconducir situaciones y que no se pierdan las líneas marcadas.

El diario del desarrollo de un club tiene muchas incidencias, sobre todo en las etapas formativas, por lo que no podemos estar atendiéndolas personalmente. La persona encargada de esta área del club debe ser quien reporte lo que se considere oportuno para no sobrecargar de funciones a la dirección deportiva y poder atender aquellas tareas que verdaderamente constituyan su función como Director Deportivo.

Por todo ello, es importante que veamos y seamos vistos en partidos de cantera para que, aunque tengamos una coordinación o dirección de cantera, seamos la figura visible de todos los elementos deportivos del club.

Las relaciones con los jugadores

Tiene que haber fluidez, cercanía y sinceridad. Los jugadores siempre necesitan sentirse importantes dentro de su equipo, si no juegan tienen que sentir que son parte del club y que este los valora como tal. Nunca se nos debe olvidar que los jugadores son el principal valor humano y económico del club en el que estamos y que son la parte importante del fútbol, los protagonistas del juego.

No podemos olvidar que son empleados del club y que tenemos que manejar los momentos de distensión o desacuerdos con el mismo, mediando en posibles conflictos para que ninguna de las partes se sienta perjudicada.

Cuando se va a iniciar la pretemporada y vienen jugadores nuevos, hay que tratar que su adaptación sea lo más rápida y cómoda posible por lo que tenemos que intentar facilitarle todos los condicionantes personales y familiares que pudieran de alguna manera influir o distraer su rendimiento. Si el club hace un buen trabajo en este difícil momento para el jugador, favorecerá que se sienta "acogido" en un menor tiempo y así se reducirá notablemente su periodo de adaptación.

La transparencia en nuestras decisiones una vez terminada la temporada, o incluso antes si es posible, en cuanto a su futuro les proporcionará tranquilidad y les facilitará encontrar equipo si no van a continuar en la disciplina del club por lo que podrán tomar decisiones a medio plazo respecto a su situación familiar.

La relación con otras áreas del club

Aunque el área deportiva es la más importante dentro de un club de fútbol, no podemos olvidar que pertenecemos a una estructura mayor en la que nuestras decisiones, actuaciones y necesidades van a tener influencia directa en las demás por uno u otro motivo.

Tenemos que respetar las otras áreas y gerencias que tenga el club y trabajar de la mano en todo momento por el bien de la institución.

Por ejemplo, cuando culminamos un fichaje es el momento en que los focos se centran en la actualidad del club y, aunque el transcurso de la ejecución del mismo es laborioso y debe ser hermético en la medida de las posibilidades, una buena comunicación con el área de comunicación y con la de marketing dará plusvalía a la acción y nos servirá para "vender" el trabajo realizado una vez finalizado. Una comunicación fluida y la sinergia entre las distintas áreas contribuirán sobremanera en la consecución de los objetivos generales del club.

1.2.6. La planificación

Desde el momento que tomamos las riendas de nuestro equipo estamos en constante planificación. Aunque ya estemos inmersos en una temporada, la siguiente y el futuro de la sostenibilidad del club tienen que ser la referencia que mueva todos nuestros pasos y decisiones.

La consecución de los objetivos y su revisión atendiendo a los resultados es una variable a controlar junto con las órdenes y directrices a seguir por parte de los dirigentes del club.

Para la confección de la plantilla es muy importante la opinión y las valoraciones del entrenador para que las inversiones realizadas tengan su rendimiento en el campo y atiendan las necesidades reales del equipo. El número de jugadores es importante consensuarlo para que el entrenador esté satisfecho con sus necesidades, sin olvidarnos de la cantera a la hora de gestionar las altas, las bajas y las ventas.

La pretemporada será una de las principales responsabilidades de la Dirección Deportiva porque tendrá que conjugar las necesidades del entrenador, los compromisos del club y la economía del mismo, de manera que sea positiva en todos los aspectos y se les otorgue máxima importancia a las opiniones de los dirigentes del club.

1.3. GESTIÓN DE RECURSOS HUMANOS Y ECONÓMICOS

No siempre nos vamos a encontrar en un club que tenga su primer equipo en la LFP con recursos humanos, materiales y económicos importantes a nuestra disposición para trabajar en condiciones óptimas. Existe otra realidad, hay 4 grupos de Segunda División B, 19 grupos de Tercera División e infinitas Categorías Regionales previas a estas.

Por una cuestión puramente económica, no todos los clubes se pueden permitir tener un Director Deportivo y son los propios Directivos con la ayuda del entrenador los que desempeñan esta función. La figura del Director Deportivo es una figura emergente y cada vez son más los clubes que lo anteponen a otros cargos u otros gastos.

El principal recurso con el que debe contar un buen Director Deportivo es la ilusión. La ilusión va a ser el principal motor que subsane todas las carencias con las que nos vamos a encontrar en la andadura y ayudará a la consecución de los objetivos. Aparte de este recurso, existen muchas formas de mejorar y de optimizar nuestro trabajo para poder sacar el mayor rendimiento posible a nuestra labor. Ser el máximo responsable deportivo de un club conlleva tener total y absoluta confianza por parte del presidente y la Junta Directiva del club, independientemente de la competición en la que participe nuestro primer equipo.

1.3.1. Elección y contratación de Recursos Humanos

Las personas que formen parte de nuestro club, indistintamente de la función que vayan a desempeñar, tienen que ser buenas personas y grandes profesionales (ambas facetas van de la mano).

A la hora de incorporar recursos a nuestro club, existen innumerables cargos con los que podemos contar:

Una recomendación profesional que siempre me ha ayudado a la selección de personas para ocupar puestos de trabajo es la elaboración del perfil de la persona que queremos contratar y ofrece varias ventajas:

- *Evita las generalizaciones.* Hay que ser específico en las funciones y en las responsabilidades que queremos que tenga y desarrolle.

- *Define las prioridades* que queremos que tenga porque, aunque no serán definitivas para su contratación (no serán excluyentes), sí nos ayudarán.

- *Usa criterios objetivos y cuantificables* para la selección. Los datos servirán como soporte.

El Entrenador

Los criterios para la elección del entrenador de nuestro primer equipo son criterios muy personales, atendiendo a la idiosincrasia de cada club. Hay clubes que tienen unas exigencias particulares en el juego de sus equipos, otros que les dan vital importancia a los partidos de casa... El objetivo y el presupuesto van a ser los principales criterios que van a condicionar su contratación.

Es importante conocer su estilo y la compatibilidad con el club. Todos los entrenadores tienen una particularidad que nos ha hecho fijarnos en él y debemos potenciarla: "sacar su mejor versión". Un estudio previo de su trayectoria, revisión de redes sociales y alguna charla informal sobre sus actuaciones con alguien que las haya compartido con él en el medio nos ayudarán a que la decisión no tenga unas repercusiones inesperadas en todos los agentes del entorno del club.

Explicarle previamente la idiosincrasia interna del club y darle una visión general de lo que se va a encontrar si se cierra su contratación ayudará a que su adaptación sea más rápida.

La definición del objetivo nos ayudará a elaborar un perfil del tipo de entrenador que necesitamos. Hay entrenadores que durante su carrera revalorizan jugadores y esto hace que repercuta económicamente en el club. Otros entrenadores acercan a los equipos a la disputa de títulos y, a su vez, esto también ayuda a las arcas del club... Como hay muchos tipos de entrenadores, es importante marcar de antemano el objetivo para poder definirlo y llegar a un acuerdo beneficioso para ambas partes.

El entrenador durante la temporada es la persona más expuesta y quien recibirá el mayor número de críticas.

Hay una serie de **cualidades que debe poseer un buen entrenador:**

- Debe ser una persona sociable, **empático** y con habilidades de comunicación.

- Ha de ser una **persona respetuosa** porque va a tener a su cargo el mayor capital humano del club.

- Tiene que establecer **expectativas reales** y alcanzables y no generar falsas expectativas.

- Debe ser **paciente** y entender los procesos.

- Desarrollar **entrenamientos amenos**, para trabajar en un clima de trabajo agradable.

- Debe evitar dejarse llevar por estereotipos culturales y no trate a todos sus jugadores por igual, sepa **atender a la diversidad.**

- Tiene que **trabajar en equipo** con su equipo de trabajo y con el club.

- Ha de **promover hábitos saludables** y conductas propias de los deportistas y su entorno.

Los entrenadores "suelen tener el ego de los futbolistas" y, por tanto, su protagonismo. Tenemos que hacerles ver que la consecución de un partido no es fruto solo del trabajo de campo, existen multitud de factores en el entorno que tienen que ayudar a esa consecución. El entrenador debe conocer que su "superior" inmediato es el Director Deportivo y por tanto todos los problemas, sugerencias y decisiones las tiene que tratar con él, al igual que hay que facilitarle su trabajo poniendo todos los recursos del club a su disposición.

El Cuerpo Técnico

El primer equipo ha de tener la mayor dotación posible en el Cuerpo Técnico para que el entrenador pueda descargar responsabilidades y se centre en gestionar la plantilla y sacar rendimiento al equipo.

El Cuerpo Técnico tiene que estar dotado como mínimo de Preparador Físico, Entrenador de Porteros, "fisioterapeuta o kinesiólogo" y Segundo Entrenador.

Hay dos formas de gestionar los Cuerpos Técnicos:

1. *El Entrenador los aporta con personal de su confianza.* La principal ventaja es que todos saben lo que quiere y necesita el entrenador y son un valor añadido a su fichaje. Como inconveniente, ante una posible destitución o marcha del entrenador, todo el Cuerpo Técnico abandonaría la disciplina del mismo.

2. *El club los elige.* Las principales ventajas de esta forma de gestionar el Cuerpo Técnico es que el Entrenador se adapta al club y que todos están a su disposición para desarrollar el trabajo lo mejor posible y que el club adquiere un valor importante por la calidad de su Cuerpo Técnico. En esta forma de gestionarlo, el Cuerpo Técnico tiene que ser de gran nivel para que el entrenador encuentre un gran apoyo a la hora de desarrollar su trabajo.

Podría existir una fórmula mixta en la que el entrenador tenga a personas de su confianza en el Cuerpo Técnico y que la dirección deportiva del club lo complete con algunos profesionales del club.

La Secretaría Técnica

En algunas ocasiones la figura del Secretario Técnico está cubierta por el Director Deportivo que es quien realiza sus funciones, en otras, es una figura independiente pero que trabaja según las indicaciones del mismo y siguiendo la estrategia marcada por este.

Será conocedor del mercado, de las competiciones, de los equipos del club y de los jugadores que los componen. Tendrá una amplia red de contactos y capacidad de gestión de la información.

Se debe establecer un plan de mercado atendiendo a las necesidades de los equipos diferenciando bien la plantilla del primer equipo, los jugadores que pertenecerán a la cantera (filial, equipos de proyección, categorías base...) y el fútbol femenino. Es importante diferenciar estos tres elementos y tener en cuenta de manera diferenciada al fútbol femenino debido a sus peculiaridades, su crecimiento y la necesidad de cubrir esta rama del club.

No podemos olvidar para establecer este plan de mercado la realidad del club donde nos desarrollamos y seguir sin perder de vista los objetivos establecidos para sustentar nuestras decisiones.

Para todo ello hay que establecer una planificación y seguimiento organizando el trabajo semanal, viajes, horarios...

La Secretaría Técnica filtrará el trabajo realizado al Director Deportivo gestionando una base de datos y utilizando programas para su desarrollo. Estos programas agilizarán el poder compartir la información con quien se considere oportuno dentro del grupo de trabajo y, además, ayudarán a dejar un registro en el club.

A su vez, la Secretaría Técnica proporcionará al cuerpo técnico los informes (de video o escritos) y cualquier tipo de ayuda que necesite para su trabajo semanal.

Será también su responsabilidad organizar los viajes y desplazamientos necesarios para la obtención de los informes de los diferentes torneos que se consideren interesantes y asequibles para el "mercado" del club.

Plantilla de Jugadores

A la hora de confeccionar la plantilla de jugadores debe haber un buen entendimiento con el entrenador para poder aportar el tipo de jugador que cubra las necesidades de la misma.

Es la tarea mas visible y atractiva de la Dirección Deportiva y será parte fundamental de la consecución de los objetivos y de los éxitos del equipo.

No existe una "receta" o una "fórmula mágica" sino que consiste en ver fútbol continuamente, tener datos de los partidos que se ven y tener distintos puntos de vista o circunstancias de competición de los jugadores antes de que formen parte de la plantilla. Tener referencias de su paso por anteriores equipos, no necesariamente en informes escritos, nos puede ayudar a conocer aspectos del futbolista que pueden influir en su rendimiento.

Hay que intentar conocer a todos los futbolistas que se fichen, no ficharlos porque te los recomienden ni, por supuesto, porque te lo ofrezcan los agentes (sin conocerlos ni haberlos visto jugar). Nunca debemos fichar por videos, ni por informes externos, aunque esto no es óbice para que después de un video o un informe se pruebe a un futbolista. Esto objetivará mucho nuestro trabajo y tendrá nuestro sello personal.

Prever las renovaciones de los jugadores con tiempo hará que estos se centren en su trabajo y en su rendimiento, pero tenemos que manejar muy bien los tiempos de estos movimientos para que siempre beneficien al club. Como características generales de una plantilla, se proponen estos criterios:

√ Jugadores que transmitan seguridad y confianza.

√ Jugadores con liderazgo, que sean capaces de asumir responsabilidades en los momentos difíciles.

√ Jugadores que posean dentro de sus cualidades la velocidad.

√ Jugadores que aporten en las acciones a balón parado (ofensivas y defensivas).

√ Jugadores de la cantera para que exista una mayor conciencia de club.

√ Jugadores competitivos.

Los jugadores que incorporemos a nuestro equipo tienen que ser jugadores competitivos. El psicólogo deportivo José Carrascosa nos habla de que los jugadores tienen que saber competir y ser competitivos. *Ser competitivos a nivel deportivo quiere decir que han de cumplir una serie de características:*

– **Vivir el duelo con el rival.** Debe vivir los desafíos para superarlos, enfrentarse a uno mismo para expresar todo su talento ante la mayor exigencia y dificultad y tener capacidad de esfuerzo, trabajo y competencia emocional para elevar el nivel de calidad del trabajo.

– **Concentración.** Focaliza la atención, centra todos los sentidos en lo que está desarrollando. Las decisiones fluyen, resuelve el juego y las adversidades que se va encontrando.

- **Saber ajustar las tensiones.** Utilizar la activación emocional necesaria: ni excesiva ni escasa.

- **Toma rápida de decisiones.** Ejecuta de manera que parece que no piensa las soluciones.

- **Autoconfianza.** El autoconocimiento lo hace capaz de competir y superar al rival trabajando más y mejor que él.

- **Responsabilidad justa.** Ajusta su responsabilidad a la función o tarea que debe desarrollar.

- Prevalecen los **valores** de esfuerzo, ambición, humildad y ética profesional.

- **Resiliencia.** Entiende el error como un elemento del juego y lo gestiona de tal manera que no afecta a la calidad del trabajo posterior. No tiene miedo al error y no lo gestiona con enfados o desánimos.

- **Trabajo colectivo.** Sabe trabajar en equipo, asume su rol y aporta desde su trabajo individual al equipo.

- Es **autoexigente** consigo mismo, no negocia el esfuerzo. No necesita motivación externa para estar motivado.

- **Disfruta** con la actividad que desarrolla. Vincula el esfuerzo con el disfrute.

A la hora de incorporar un fichaje hay que huir de las largas negociaciones que siempre nos van a hacer perder tiempo y dinero. Debemos concretar rápido si la decisión es clara y, si no es clara, no tomarla. Saber en qué aspectos se puede ayudar al jugador y en qué aspectos no, será clave para aclararnos en esta decisión.

Tenemos que estar convencidos nosotros para poder convencer a los demás.

Es importante que en la confección de la plantilla el Director Deportivo vea a los jugadores con "los ojos con los que lo vería el entrenador" para que sea de su agrado y la inversión sea fructífera.

El Cuerpo Médico

Es muy importante que el club cuente con profesionales de la medicina para el diagnóstico, evolución y recuperación de los jugadores de manera que cualquier tipo de lesión sea lo menos "dañina" posible, sabiendo que ya de por sí cualquier lesión lo es.

El principal recurso de los clubes son sus jugadores, una buena inversión, o una buena distribución de los recursos médicos, ayudará a que los jugadores se mantengan sanos y sigan siendo activos del club para generar beneficios o valor.

La mayor parte de los clubes no se pueden permitir tener en nómina a profesionales de este calibre. Los acuerdos con clínicas, a cambio de beneficios publicitarios, son fundamentales para atender a una necesidad difícil de cubrir económicamente.

El Scuoting o analista

La figura del Scouting es de gran ayuda para grabar los partidos que interesen y obtener un análisis de los mismos. Estos partidos pueden ser propios, para corregir errores y afianzar conceptos, o de los rivales, para ayudar al entrenador a preparar sus semanas de trabajo. A estas personas hay que darles unas indicaciones básicas para obtener los datos y las imágenes que le interesen al Cuerpo Técnico. Debe grabar atendiendo siempre a planos generales del juego, pero no centrarse en el balón y sí en las zonas en las que "se esté jugando". Las indicaciones tienen que venir por parte de los técnicos del club y la Dirección Deportiva del mismo.

Las funciones del analista pueden estar enfocadas en:

- **Rivales:** equipos con los que se prevé que el club se pueda enfrentar.
- **Jugadores**: futbolistas de interés que nos puedan interesar.
- **Datos:** obtener información que pueda ser relevante para objetivar las decisiones.
- **Propios:** del equipo o los equipos del club. Servirán como autoevaluación, autoconocimiento y saber debilidades y fortalezas.

El Coordinador del fútbol base / cantera

Debe ser una persona que conozca el club, sea consciente del trabajo de estructura del club, que entienda el club como un todo y no los equipos de manera individualizada junto con sus entrenadores. Tiene que ayudarnos a elegir a los entrenadores de los distintos equipos que participan en competición. Es importante que haya reuniones semanales para ponernos al día de lo acontecido en los partidos del fin de semana, la evolución de los jugadores, coordinar el movimiento de jugadores de un equipo a otro, premiando los valores que se consideren más importantes en el club.

Este Coordinador/ Director estará siempre bajo la dirección y las pautas de Director Deportivo.

Si en el club existiese una Escuela, habría que crear la figura de Director de la Escuela, de manera que esta sea dependiente del club, pero que se gestione y se coordine sin la necesidad de la aparición del Director Deportivo, teniendo constancia de su evolución, pero siendo un "vivero" de futuros jugadores que militen con posterioridad en los equipos de cantera.

Otros

Contar con un mayor número de recursos humanos que aporten a la estructura del club nos hará que crezcamos y que en nuestros equipos exista un trabajo de calidad con grandes profesionales en las distintas materias que necesitemos.

En nuestros equipos podemos contar con preparadores físicos, psicólogos, fisioterapeutas, encargados de material, asistentes sanitarios, delegados… todos ellos aportarán su granito de arena para que lleguemos a buen puerto y nuestros equipos se desarrollen en las mejores condiciones posibles. Los convenios con las distintas facultades y con los institutos cercanos nos ayudarán a abaratar los costes de este tipo de personal que nos ayudará en el desarrollo.

1.3.2. Los fichajes

La incorporación de jugadores puede ser, como hemos hecho referencia con anterioridad, la actuación más visible dentro de las funciones del Director Deportivo. Las incorporaciones se pueden hacer de tres maneras distintas atendiendo a la situación contractual del jugador o a las pretensiones del club con el que tiene contrato de seguir contando con él:

√ **Conseguir un traspaso/compra:** pierde la vinculación con el club de origen y pasa a ser propiedad del club de destino. Puede ser mediante un acuerdo económico entre ambos clubes, haciendo efectiva alguna cláusula contractual del jugador con el club dueño de los derechos o que, por algún otro motivo, se disuelve el contrato y el jugador pasa a ser agente libre.

√ **Conseguir un préstamo/ cesión:** el club de origen mantiene los derechos económicos, pero deportivamente participa con el club de destino. Tiene fecha de caducidad o condicionantes contractuales. El club de destino puede adquirir algunos derechos en el acuerdo de cesión.

√ **Adquirir un jugador libre:** el club de origen no quiere o no puede contar con el jugador y pierde todos los derechos y el club de origen los adquiere sin tener que pagar nada al club de origen. En el momento en el que hay una disolución de contrato, el jugador pasa a ser "agente libre" y único dueño de sus derechos.

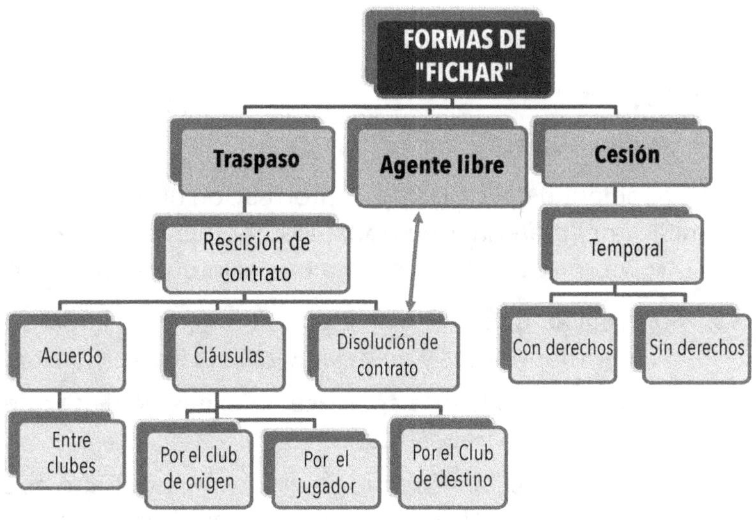

1.3.3. Los informes

La información que manejamos en el ámbito de la Dirección Deportiva de un club es muy importante para llevar a cabo nuestro trabajo, por ello debemos determinar los canales de comunicación y los formatos para hacerlo.

Los canales han de tener una vía interna para mantener la confidencialidad y que cada miembro del área deportiva reciba solo los que sean de interés para el desarrollo de sus funciones. Hoy en día existen muchos programas de gestión y muchas aplicaciones para poder compartir a velocidad real la información y poder sesgarla o direccionarla.

La elección del medio de comunicación, así como la planificación y frecuencia con la que se mantengan reuniones, serán importantes para el manejo de la información y para que exista una confluencia de fuerzas hacia el trabajo desarrollado.

Los informes pueden ser:

√ Escritos.

√ Audiovisuales.

Dependiendo del canal, de la información que queramos transmitir y del material que podamos obtener, utilizaremos uno u otro, pero teniendo en cuenta que el informe debe ser:

- **Preciso:** debe centrarse en el tema, en los apartados importantes y no dejar lugar a la interpretación.

- **Veraz:** todo lo que aparezca en el mismo tiene que ser verídico y sustentado.

- **Relevante:** la información que se incluya tiene que ser importante y de interés para el Director Deportivo o su receptor.

- **Correcto:** con un lenguaje simple pero específico (técnico) del fútbol. Los modismos y "frases hechas" solo se utilizarán si son aclaratorios. No deben aparecer errores de ortografía o gramaticales.

- **Claros:** bien estructurados y organizados, con las fuentes de la información o de los datos si es posible.

- **Personales:** deben "mojarse" en las actuaciones y en las conclusiones finales.

Es importante crear o seleccionar un formato o modelo unificado para que sean archivados y la información que se reciba sea la que se considera necesaria e importante.

1.4. LICENCIAS Y NORMATIVAS

La gestión de las fichas federativas de los jugadores en la Federación correspondiente (Nacional o Territorial) es algo muy importante para finalizar la inclusión de nuestros jugadores en los equipos.

La Dirección Deportiva no es la parte encargada del club de realizar todas estas gestiones. La Dirección Deportiva es responsable de aportar jugadores a las plantillas, la inscripción de los mismos es responsabilidad de la secretaría del club; no obstante, esto no quita que conozcamos los plazos de tramitación de licencias y que supervisemos estas gestiones para evitar incurrir en posibles errores que acarreen sanciones.

Cada equipo comienza en una fecha distinta y los plazos varían según la competición en la que participe, pero es muy usual que los primeros equipos empiecen antes su competición que el equipo filial y juvenil.

Tenemos que intentar cerrar las plantillas sin que coincidan en fechas con la de los primeros equipos, sobre todo aquellas que puedan influirles en el cierre de las suyas, de manera que las licencias estén tramitadas para el comienzo de la temporada de estos. Así, estarán a disposición del Entrenador para cubrir cualquier tipo de necesidades que hubiera que cubrir.

Si es muy costoso este trámite (que lo suele ser) sería interesante tramitar las licencias de los jugadores con mayor proyección deportiva para el primer equipo.

Tenemos que intentar que el tipo de licencias que tramitemos nos abaraten los costes y sean lo menos costosas para nuestro club (es mejor fichar jugadores que tengan ficha "P" que hacérsela nosotros).

La normativa tenemos que conocerla, no hace falta que seamos unos expertos en toda la normativa, pero siempre debemos de tener expertos para consultar cualquier tema que nos pueda interesar, porque es importante que dominemos todo lo que acontezca y pueda repercutir en nuestro equipo para posibles reclamaciones y errores que se pudieran producir, tanto en nuestros equipos como en nuestros rivales.

1.4.1. Los Derechos de formación.

La formación de los jóvenes futbolistas para su posterior desarrollo en el fútbol está amparada en los Derechos de formación para cuando el futbolista se convierte en futbolista profesional y por el mecanismo de solidaridad entre los clubes cuando se produce un traspaso o venta entre las distintas Asociaciones pertenecientes a la FIFA.

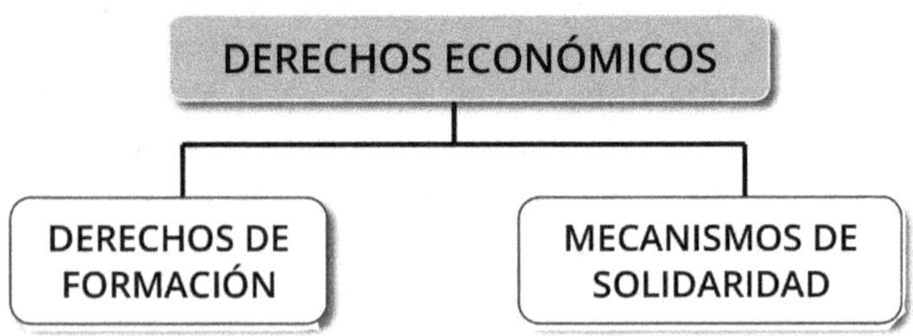

Los clubes tienen que controlar estos movimientos de jugadores porque las cantidades que les correspondan tienen que ser reclamadas para hacerse efectivas y existen plazos en los que caducan y se pierden. Una buena gestión de estos derechos aportará beneficios de manera notable a la economía del club.

Siguiendo el reglamento de FIFA y de las distintas Federaciones los Derechos de formación son una indemnización que reciben los equipos que han educado futbolísticamente al jugador cuando éste firma su primer contrato profesional. Además, el club o clubes que le han formado también perciben una cantidad de dinero en cada transferencia hasta que el futbolista cumple 23 años. De esta forma todos los equipos que enseñaron y desarrollaron al jugador, son recompensados por esta labor. El cálculo de la suma de indemnización pagadera se basará en los años comprendidos entre los 12 años y los 23 años de edad donde se considera que el futbolista ha concluido su formación.

La indemnización por formación se pagará al/os club/es formadores de un jugador:

1. Cuando un jugador firma su primer contrato de profesional. En este caso, el club en el que se inscribe el jugador es responsable del pago de la indemnización por formación, en un plazo de 30 días a partir de la inscripción, a todos los clubes en los que estuvo inscrito el futbolista (de acuerdo con el historial de la carrera del jugador que figura en su pasaporte) y que han contribuido a su formación a partir de la temporada en la que cumplió 12 años de edad. La cantidad pagadera se calculará prorrata, en función de su período de formación con cada club. En el caso de transferencias subsiguientes del jugador profesional, la indemnización por formación se deberá sólo a su club anterior por el tiempo que efectivamente entrenó con éste.

Si no pudiera establecerse un vínculo entre el jugador profesional y los clubes que lo formaron, o si estos clubes no se dan a conocer en el curso de los 18 meses siguientes a la primera inscripción del jugador como profesional, la indemnización por formación se abonará a la asociación/es del/os país/es donde se hubiera formado.

2. Cuando un jugador profesional es transferido entre clubes de dos países distintos (ya sea durante la vigencia o al término del contrato) antes de finalizar la temporada en la que cumple su 23º cumpleaños.

Por el contrario, no se debe pagar una indemnización por formación:

1. Si el club anterior rescinde el contrato del jugador sin causa justificada (sin perjuicio de los derechos de los clubes anteriores)

2. Si el jugador es transferido a un club de la 4ª categoría.

3. Si el jugador profesional reasume su calidad de aficionado al realizarse la transferencia.

La indemnización por formación se llevará a cabo de la siguiente forma:

- Temporada del **12º cumpleaños**: **5%** (es decir, el **0,25%** de la indemnización total).

- Temporada del **13º cumpleaños**: **5%** (es decir, el **0,25**% de la indemnización total)

- Temporada del **14º cumpleaños**: **5%** (es decir, el **0,25%** de la indemnización total)

- Temporada del **15º cumpleaños**: **5%** (es decir, el **0,25%** de la indemnización total)

- Temporada del **16º cumpleaños: 10%** (es decir, el **0,5%** de la indemnización total)

- Temporada del **17º cumpleaños: 10%** (es decir, el **0,5%** de la indemnización total)

- Temporada del **18º cumpleaños: 10%** (es decir, el **0,5%** de la indemnización total)

- Temporada del **19º cumpleaños: 10%** (es decir, el **0,5%** de la indemnización total)

- Temporada del **20º cumpleaños: 10%** (es decir, el **0,5%** de la indemnización total)

- Temporada del **21º cumpleaños: 10%** (es decir, el **0,5%** de la indemnización total)

- Temporada del **22º cumpleaños: 10%** (es decir, el **0,5%** de la indemnización total)

- Temporada del **23º cumpleaños: 10%** (es decir, el **0,5%** de la indemnización total)

2. PROYECTOS DEPORTIVOS

2.1. CARACTERÍSTICAS DE LOS PROYECTOS DEPORTIVOS

En numerosas ocasiones los clubes no tienen desarrollados los proyectos deportivos o buscan en la figura del Director Deportivo una persona que desarrolle una idea de trabajo y que la lleve a cabo con los recursos que tenga el club.

Una cuestión que me gustaría señalar antes de seguir avanzando es matizar la diferencia existente entre un proyecto deportivo para un club deportivo o de fútbol y un proyecto para un club deportivo: el proyecto deportivo abarca sólo las actuaciones y objetivos que se llevarán a cabo en el área deportiva, aunque tiene repercusión en todas las áreas del club no es lo mismo, mientras que el proyecto para un club de fútbol abarca todos los ámbitos o áreas del club, no solo las intervenciones en el área deportiva (marketing, social, administrativa...). El proyecto deportivo lo desarrolla el Director Deportivo y el proyecto de un club lo desarrolla el Gerente General o la Directiva si no contase con este cargo en el organigrama.

Miguel Morilla define los proyectos deportivos como *"aquel documento-guía que recoge toda la filosofía deportiva, todas las intenciones, planteamientos, objetivos, contenidos, temporalización y actuaciones en general para el desarrollo de su labor profesional en una entidad deportiva durante un periodo de tiempo".*

Los proyectos deportivos, atendiendo a su duración, pueden ser:

- *A corto plazo:* buscan solucionar algún problema o una situación determinada y recurren a la figura del Director Deportivo para su desarrollo o enmienda.
- *A medio/largo plazo:* buscan generar beneficios, desarrollo y la consecución de alguna meta deportiva.

Normalmente, lo ideal es que se busque un Director Deportivo para medio/ largo plazo, pero la realidad indica que, aunque se fiche con esta intención, en fútbol obtener resultados a corto plazo sustenta el trabajo a un plazo mayor y es un facilitador para el desarrollo del trabajo. En otras ocasiones, la entrada de un Director Deportivo viene precedida de la salida del anterior que ostentaba su cargo y esto hace que se busque un cambio visible a corto plazo que marque la diferencia con el anterior proyecto o situación del club.

Además, los proyectos deportivos pueden clasificarse por el estado en el que se encuentren:

- A corto plazo buscan *solucionar algún problema o una situación determinada* y recurren a la figura de nueva creación, instalarlos y crearlos en un club. Como ejemplo: un club ficha a un Director Deportivo para que desarrolle un proyecto deportivo porque ha vendido a sus mejores jugadores y quiere seguir siendo competitivo.
- *De desarrollo o crecimiento:* una vez instalados, crear un área nueva o reestructurar un área ya existente implementándola o adaptándola a la realidad cambiante. Como ejemplo, se quiere crear dentro del club un área nueva de metodología.

- *De fusión:* generar sinergias con otras instituciones. Estas instituciones pueden ser de otra índole, pero pueden aportar al club mejora o sostenibilidad para su desarrollo. Como ejemplo, un club quiere llegar a un acuerdo con una universidad cercana para que sus alumnos hagan las prácticas en el club.

- *De reestructuración:* cambiar los objetivos por crecimiento, pérdidas o consecución de objetivos. Al cambiar los objetivos es necesaria una restructuración de los recursos humanos, económicos y materiales para la consecución de la nueva meta. Como ejemplo, un club que tenía como objetivo mantener la categoría asciende de categoría.

Hay una serie de características que deben cumplir los proyectos deportivos para que sean factibles:

√ **Definido e integrado** dentro de las estructuras del club. No se pueden crear unas estructuras para un proyecto que no se corresponden con la realidad. El proyecto debe encajar en la estructura y no la estructura en el proyecto. Definir de manera clara los objetivos y cómo se va a llegar a ellos con datos y con los medios a utilizar, que no se limiten a teorías sin base ninguna.

√ **Cuantificado y factible**: si va a haber algún tipo de incorporación, si se va a fundar un área nueva que no tenía el club con anterioridad, si se va a eliminar una existente o se van a fusionar varias, si se va a crear o eliminar un equipo, si se van a despedir o a contratar a trabajadores... todo eso tiene que estar argumentado dentro de la realidad del club y cuantificado en cuanto a costo, ya sea por conllevar un ahorro o una pérdida.

√ **Sostenible en el tiempo**, las decisiones han de tener una perspectiva de futuro y **con capacidad de crecimiento**, para que generen una perspectiva de medio/largo plazo, dando estabilidad y siendo un proyecto ambicioso y de futuro.

√ **Evaluable:** deben existir momentos y medios para ver si estamos en el camino de conseguir lo planteado o hay que reestructurar cualquier decisión para darle sostenibilidad a la misma.

√ Los proyectos deben ser **peculiares.** Todos los proyectos no sirven para todos los clubes, hay que hacerlos propios del lugar y la idiosincrasia del club para que adquiera identidad y todos los integrantes que participen en su desarrollo lo consideren como algo propio y distintivo.

√ **Personal:** la realización del proyecto ha de tener nuestra marca personal que nos identifique con el desarrollo y la consecución de los objetivos de la manera que cada uno sabe y con sus características. Esto lo hará único e irrepetible.

2.2. LAS OPORTUNIDADES

Como en cualquier ámbito de la vida, las oportunidades para la presentación de un proyecto deportivo van a ir determinadas por las alternativas que se nos presenten para poder llevarlo a cabo.

Desde mi punto de vista y experiencia, existen dos posibilidades para poder presentar un proyecto deportivo:

A) Recibir una oferta, propuesta o entrevista.

B) Promover una entrevista.

Quedarnos en casa a la espera de recibir una propuesta para hacernos cargo de la dirección deportiva de un club puede ser una opción que nos haga aletargarnos en el intento y tarde en llegar... si llega.

La psicóloga deportiva Patricia Ramírez en 2019, nos habla de que una parte de la vida está condicionada por el destino y la otra parte es la que creamos nosotros creando oportunidades:

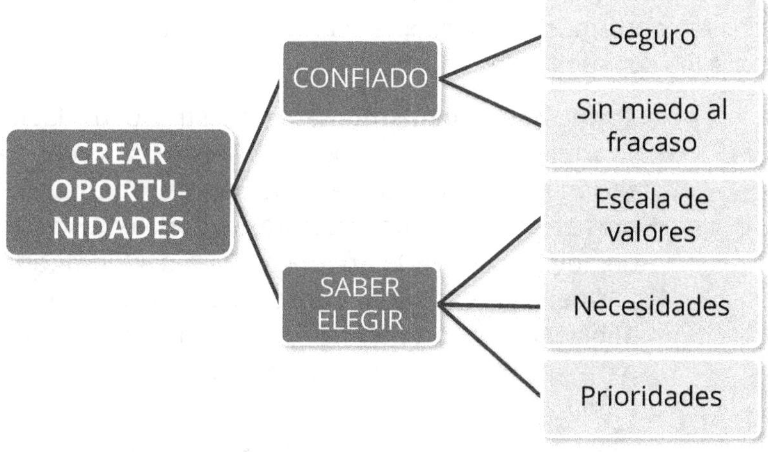

Cualquier decisión que tomemos nos ayudará a vivir nuestra vida con responsabilidad, siendo los únicos protagonistas de nuestros éxitos y fracasos.

Necesariamente, para promover una entrevista no tenemos que levantar el teléfono y llamar a un presidente o dirigente de un club para ofrecerle nuestros servicios. Podemos gestionar lazos sociales y que el ámbito en el que nos movamos de manera natural nos acerque a estas situaciones o podamos tener una persona que haga de intermediario para promover esta posibilidad. Las posibilidades hay que buscarlas y no por ello estamos desprestigiándonos y perdiendo "caché", siempre y cuando no "arrastremos" la profesión con subastarnos para poder "candidatearnos" a un puesto.

Hay distintas formas de presentar un proyecto deportivo: en una entrevista de manera presencial u online, con ordenador o sin ordenador, en una comida, por correo electrónico, por llamada de teléfono... Todas ellas son lícitas y van a depender de distintos factores como pueden ser la urgencia para la presentación, "la confianza "con el dirigente, el lugar donde nos encontremos,... Por ello, tenemos que estar preparados para los distintos escenarios:

- **Conocerse uno mismo:** saber nuestras debilidades y fortalezas hará que podamos llevarnos la conversación y centrar el tema en lo que nosotros podemos ofrecerles como directores deportivos, eso que nos diferencia de los demás y va a ser un aporte para el club e intentar subsanar nuestras posibles debilidades que tenemos que intentar mejorarlas para la consecución de los objetivos que se planteen.

- **Conocer con quién voy a hablar:** los presidentes de los equipos, no tienen por qué tener una formación deportiva o académica al respecto de la dirección deportiva, pueden ser empresarios de otro sector o gerente de la institución que buscan la rentabilidad y el desarrollo de la misma. Saber a qué se dedica, la experiencia en el cargo y los datos curriculares nos ayudará a tener empatía con la situación a la que nos enfrentamos.

- **Ser cercano y convincente:** no es necesario sentar cátedra de lo que estamos hablando, pero sí estar convencidos de nuestro trabajo y de nuestras posibilidades para el desarrollo del club.

- **Manejar la empatía**, como fórmula de conocimiento y estrategia de comunicación.

- **Saber escuchar** es lo más importante en estos casos, ya que tendremos pocas referencias de lo que necesitan de nosotros y nuestro objetivo será complacerles para afianzarnos en nuestra postura. Para ello, es importante no hablar demasiado y, aunque nos salgamos del tema porque la presentación lo requiera, no podemos saber de todo y dominar todos los ámbitos.

- **Honrados, sinceros y realistas.** Lo más importante si queremos ser buenos profesionales en la materia es no engañar a nadie vendiendo humo. Nuestro proyecto debe tener muchos matices de la realidad.

Es bueno manejar un soporte escrito o audiovisual que podamos tener a mano para poder explicarlo si la situación lo propicia.

Para la elaboración del proyecto es necesario hacer un análisis previo del contexto en el que se desarrolla el club. Hay unos puntos mínimos que tenemos que conocer para poder llevarlo a cabo:

→ **Categoría o nivel del club:** la categoría en la que milite el primer equipo del club y el nivel de este en todos los aspectos que podamos: de organización, de estructura, de recursos...

→ **Objetivos e idiosincrasia:** hay peculiaridades y costumbres que rigen en los clubes que, junto con su historia, forman parte de ellos.

→ **Recursos** materiales, económicos y humanos (organigrama): toda la información que tengamos sobre los recursos hará más real nuestro proyecto y más factibles, claras y explícitas las decisiones que lleve intrínsecas.

→ **Plantilla:** conocer el máximo número de datos posibles de los jugadores que la componen proporcionará un conocimiento mayor del nivel, de las posibilidades de estos y de las posibles necesidades que tenga o vaya a tener en un futuro.

→ **Cantera:** tener datos de los valores y las carencias que haya, de los técnicos que la componen y de su posible proyección.

→ **Masa social:** conocer la repercusión social que tiene el club, la capacidad de movimiento y de fidelidad de la gente que sustenta socialmente el club, las posibilidades de crecimiento y el entorno o medio en el que se desarrollan.

→ **Entorno mediático:** nos dará una imagen de la llegada y el alcance de nuestras actuaciones, de las posibles decisiones que se tomen para su valoración y de la difusión que se le puede dar a lo que se haga dentro del club.

2.3. AGENTES RECEPTORES DEL PROYECTO

El Director Deportivo tiene que estar constantemente tomando decisiones y no todas llegan a estar explícitas en el proyecto deportivo, pero una gran parte sí que lo están y al dejarlas reflejadas en el mismo o en su argumentación le darán mayor solidez y claridad.

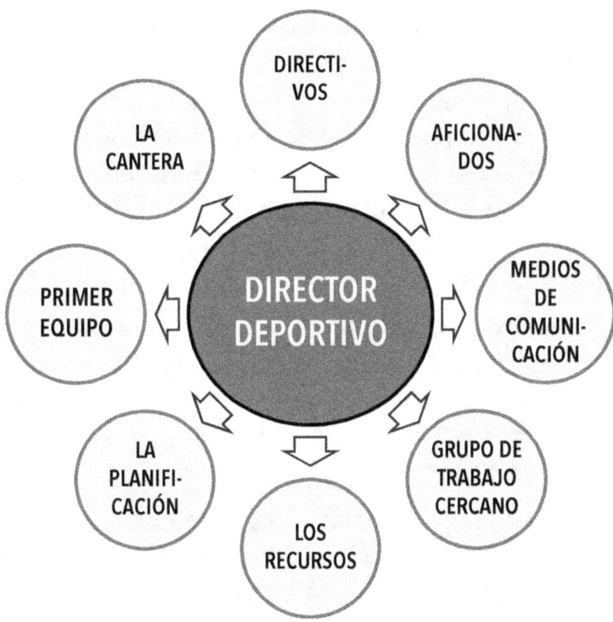

Para ello, valorar el alcance que van a tener, a quién pueden afectar y de qué manera lo harán es una herramienta útil que mejorará nuestro proyecto deportivo. Los posibles receptores son:

- **Los directivos** del club, ya sea un Consejo de Administración o una Junta Directiva, representados por un presidente, tienen que ser conocedores de las medidas que se van a tomar. No quiero decir con esto que haya que pedir autorización expresa, pero sí tiene que haber una comunicación fluida para mantener un "discurso de equipo".

- **Los aficionados** son "los consumidores del club" y todo lo que se haga tiene que ser para "satisfacer" sus inquietudes y para que se puedan sentir orgullosos del club del que son hinchada.

- **Los medios de comunicación** serán los transmisores de la medida, decisión o noticia que transcurra en el club. Hay que atenderlos y contarles lo que se hace para que, de alguna manera, se hable del trabajo que se está haciendo en el club. No obstante, no podemos pretender que siempre tengan una opinión favorable, pero sí que conozcan de primera mano del club las medidas y el enfoque que queremos darle.

- El **grupo de trabajo cercano**, bien sea la secretaría técnica u otras parcelas con responsabilidades, deben estar al tanto de las medidas que se tomen ya que les afectarán no solo las noticias, sino también las restructuraciones, las medidas y los cambios de cualquier índole.

- **Los recursos humanos, económicos y materiales.** Cualquier redistribución de los mismos afectará de alguna manera a todos ellos y hay que tenerlos en cuenta para las decisiones. Unos implican a otros.

- **La planificación.** La planificación de cualquier área del club sufre con el impacto de cualquier medida, decisión u actuación. Así que cualquiera de estas áreas será un receptor del proyecto.

- **Los jugadores y los miembros del primer equipo** son los más expuestos socialmente, así que siempre se les pedirá opinión y serán los que vivencien en primera persona los cambios del proyecto deportivo.

- **La Cantera.** Los cambios en el primer equipo y en la cantera son bidireccionales, aunque se intenten aislar en cuanto a funcionamiento, porque cualquier cambio en uno afecta al otro.

2.4. PUNTOS A DESARROLLAR EN EL PROYECTO DEPORTIVO

La presentación del proyecto deportivo puede adoptar distintos formatos como hemos visto con anterioridad. A continuación, voy a desarrollar los puntos que veo imprescindibles en el desarrollo de un buen proyecto deportivo, aunque, obviamente, puede incluirse tantos como el Director Deportivo considere, teniendo en cuenta que debe ser un proyecto completo y fácilmente interpretado por los receptores a quienes se les presente:

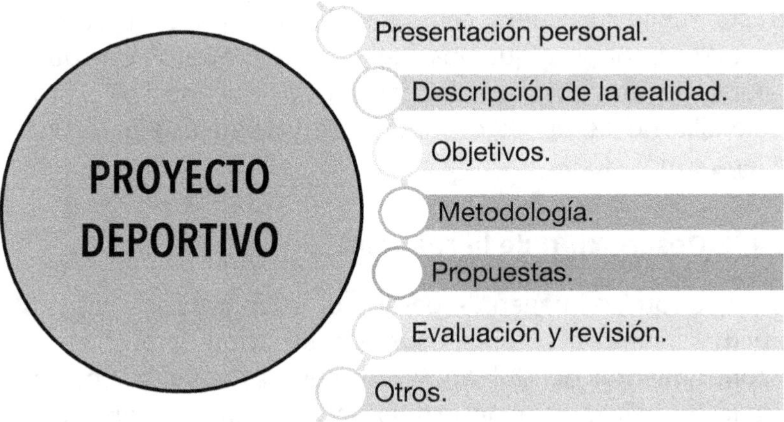

2.4.1. Presentación personal

Aunque creamos que no es necesario porque seamos un elemento conocido por los logros que hemos conseguido con anterioridad, aunque sea el club quien nos haya contactado y se haya interesado por nuestros servicios o cualquier otra circunstancia, es importante para nosotros que dediquemos no más de un minuto a decirles quiénes somos a los que le presentemos el proyecto, ya que nos colocará en una posición privilegiada antes de comenzar el desarrollo del proyecto, haciéndoles tener siempre presente, en los momentos de mayor atención de la exposición, quién es la persona que está compartiendo con ellos su idea de proyecto para el club y que nos vean desde la perspectiva que nosotros hayamos establecido desde el principio.

Es importante no cruzar la delgada línea que separa la humildad de la prepotencia con elogios innecesarios y con datos que no tienen nada que ver con nuestras funciones. Un error muy usual por parte de los exfutbolistas es extenderse en su amplio currículum como jugador, que puede impresionar al receptor pero que nos alejará de la profesión que queremos ejercer y, por muchos años que haya jugado a nivel profesional, no es un dato importante y ventajoso para una buena exposición.

2.4.2. Descripción de la realidad

"La foto" o imagen de partida en cuanto a recursos, estructuras, infraestructuras, usos, identificación de problemas y conocimientos del club apoyará todas las medidas y sostendrá los objetivos en el desarrollo del proyecto. Una visión de cómo entendemos nosotros los recursos que tienen en el club y cómo podríamos mejorarlos nos acercará a nuestros auditores.

Un proyecto ha de clarificar los recursos que tiene la entidad y los que va a necesitar para su desarrollo. Los recursos a considerar serán:

- **Humanos:** personal necesario para el desarrollo del proyecto.

- **Materiales:** instalaciones, infraestructura, equipamientos, materiales,...

– **Económicos:** inversión o distribución económica para cubrir las necesidades del proyecto.

En alguna ocasión podemos desconocer los gastos que tiene el club en algunas partidas, pero sí podemos saber lo que nos va a costar o lo que "queremos gastar" en el proyecto.

Con los recursos concretados y estimados económicamente, se elaborará un presupuesto en el que hay que distinguir:

- ***Recursos exclusivos:*** serán los que solo se destinarán al desarrollo del proyecto deportivo y de los que no dispone el club, necesitan financiación.

- ***Recursos adscritos:*** Serán los recursos que ya disponía el club y quedará latente su aprovechamiento para sacarle mayor rendimiento.

En este apartado del proyecto justificaremos la necesidad e importancia para llevarlo a cabo.

2.4.3. Objetivos

Claridad y especificidad en su exposición van a ser la meta y el "caramelo" por el que vamos a conseguir que nos contraten. Hemos de señalar muchos matices atendiendo a la realidad del club y tienen que ser factibles. Todas las energías que se pongan y las decisiones que se tomen en el proyecto irán sustentadas por los objetivos. Los objetivos podrán ser:

√ **De carácter general:** describen finalidades genéricas, el propósito central que persigue el proyecto.

√ **De carácter específico:** derivan de los objetivos generales y los concretan expresando los cambios o resultados que se pretenden lograr. Marcan el camino que hay que seguir para conseguir los objetivos generales.

√ **De carácter operativo:** concretan los objetivos específicos, son cuantificables y nos permiten saber en el punto que estamos en cada momento del desarrollo del proyecto. Conseguirlos tiene que estar estrechamente relacionado con alcanzar las metas del proyecto.

Si el proyecto es un proyecto de desarrollo, los objetivos generales y específicos vendrán determinados por el proyecto o la gestión precedentes que lo enmarcan y los objetivos operativos serán la concreción en resultados cuantificables de los objetivos de nivel superior.

Los objetivos se han de redactar de forma clara y siguiendo este esquema gramatical para enunciarlos:

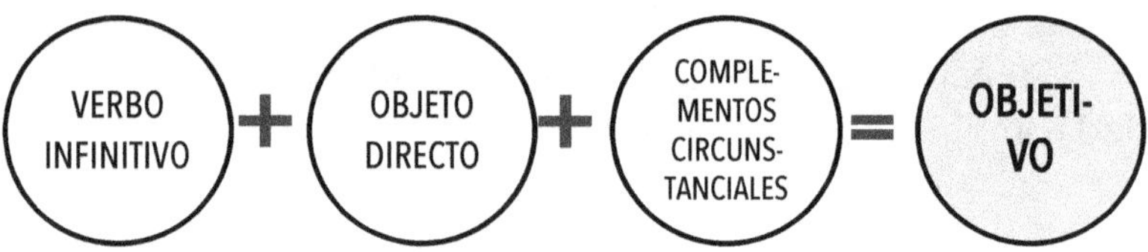

Después de tener claridad en cuanto a la realidad, sabiendo los recursos que tenemos a nuestra disposición los nombraremos.

Los objetivos expresan la meta que queremos alcanzar con los resultados del proyecto.

2.4.4. Metodología.

Una vez desarrollados y clarificados los objetivos, los contenidos darán forma a cómo lo vamos a conseguir, qué vamos a utilizarlos recursos para conseguir los objetivos y trazarán las líneas y directrices del camino.

En muchas ocasiones la metodología o el método como tal no está reconocido o reflejado con ninguna nomenclatura, con lo cual ha de responder a cuestiones como:

- √ ¿Qué rol vamos a desempeñar dentro de la estructura?
- √ ¿Qué técnicas y estructuras vamos a utilizar para que se produzca el resultado esperado?
- √ ¿Cómo se va a coordinar el área deportiva?
- √ ¿Cómo será la comunicación interna?
- √ ¿Qué estrategias vamos a tomar para la resolución de problemas?
- √ ¿Qué protocolos vamos a establecer?
- √ ¿Qué vamos a hacer en cada área?
- √ ¿Cómo vamos a repartir las responsabilidades?
- √ ...

Se resume en cómo vamos a conseguirlos y qué vamos a hacer para llegar a las metas establecidas.

2.4.5. Propuestas

Todos los cambios que vamos a efectuar deben estar perfectamente cuantificados y bien especificados para tenerlos en cuenta y que sean valorados. Cualquier decisión que detallemos no debe establecerse de manera categórica ya que, aunque creamos conocer el club "por dentro" con mucha claridad, el día a día y la opinión de los dirigentes deben ser valorados para las actuaciones porque no podemos olvidar nunca que estamos intentando gestionar deportivamente "su club".

Las estructuras deportivas de los clubes han cambiado mucho en los últimos años. La importancia de aspectos en el rendimiento del jugador hará que incorporemos nuevas áreas a la gestión deportiva del club.

La nutrición, la preparación física, la recuperación de los jugadores, la psicología, la metodología, el análisis, forman parte del desarrollo de los proyectos deportivos y determinarán nuestro estilo como Directores Deportivos para alcanzar las metas u objetivos planteados. Cada uno deberá darle la importancia que considere oportuna a cada uno de estos aspectos, dotándolos de recursos para su desarrollo.

2.4.6. Evaluación y revisión

El proyecto debe tener marcados momentos para su evaluación, para poder revisar si estamos en el camino correcto o hay que reconducir algo que creíamos que iba a tener un desarrollo y no lo está alcanzando o, por otro lado, se adelantaron los plazos y se consiguió antes del tiempo establecido.

Ejemplo claro de esto es la creación de cualquier área nueva: puede necesitar una mejora de las infraestructuras, tener mayor demanda de la que nosotros estimábamos en un principio...

A modo de indicadores para evaluar el proyecto, una buena redacción de los objetivos será de gran ayuda.

2.4.7. Otros puntos a tener en cuenta

Hay otros puntos o datos que nos ayudarán a que esté completo el proyecto deportivo, que no necesariamente pertenecen a uno u otro apartado, pero que sí deben aparecer como elementos clarificadores y son:

→ **_Definir las altas y las bajas._** Si hay elementos dentro del club que consideramos obsoleta su continuidad o que, por alguna circunstancia, no tienen cabida dentro de la nueva estructura que se quiere implantar en el plano deportivo, debemos reflejarlos o, al menos, cuestionarlos para recibir un "feedback" de los dirigentes al respecto y que después no se sorprendan por la decisión, ya que esta puede ser motivo de quiebre de la relación a corto plazo por inesperada o por tener repercusiones que desconocemos por ser externas al club. De igual manera, las incorporaciones que creamos necesarias deben llevar su autorización final porque puede haber causas que desconozcamos que hagan incompatible la incorporación.

→ ***Deben estar delimitadas las funciones*** y dónde deben reportar cada cargo o persona. Es necesario elaborar un organigrama final de cómo quedarían estructurados los recursos humanos del club y de quién dependerán de manera directa. Es importante generar un filtro de la información y una cadena de responsabilidades para el buen funcionamiento de las distintas áreas.

→ El proyecto debe quedar reflejado como una ***necesidad para el club***, no como una propuesta más. La modernización y la actualización del club se relaciona de manera inherente con la imagen del mismo, y a todos nos gusta que nos ayuden a mejorar y a estar actualizados en el medio en el que nos desarrollamos.

→ Debe tener una ***estructura sólida para el crecimiento***. Las estructuras que marquemos y los planes de actuación no pueden quedarse estancados y tener solo decisiones a corto plazo que hagan cambios radicales y se queden en ese punto. El proyecto deportivo tiene que estar preparado para avanzar, progresar, crecer y adaptarse a las nuevas circunstancias y no ser dependiente de ninguna persona. Los proyectos son para los clubes y su desarrollo. Su desarrollo hará que nosotros crezcamos y nos desarrollemos, pero no pueden ser dependientes de nosotros. Las instituciones hay que respetarlas y deben estar por encima de las personas en cuanto a importancia. El proyecto estará al servicio de la institución y no la institución al servicio del proyecto o su Director Deportivo.

→ ***Ser un generador de valor/rendimiento.*** Los clubes de cualquier índole se gestionan como empresas o son empresas como tales. Los dueños de las empresas quieren que sus empresas rindan beneficios y que no solo sean generadores de gastos y de inversiones. Deben quedar latentes los beneficios que vamos a conseguir con la instalación y el desarrollo del proyecto deportivo para ser más convincente y tener argumentos para ello.

2.5. LA MATRIZ DAFO

Una vez finalizado y elaborado el proyecto deportivo y antes de exponerlo, mostrarlo y someterlo a la crítica es importante para nosotros cuestionarlo.

A modo de sugerencia, someterlo "al escáner" de la matriz Dafo, será de mucha utilidad para conocerlo mejor y saber por dónde tenemos que encaminar nuestra presentación y nuestra tarea dentro del club.

DEBILIDADES	**AMENAZAS**
Puntos débiles	Que pueden afectar al proyecto
FORTALEZAS	**OPORTUNIDADES**
Puntos fuertes	Que nos van a resultar positivas

Saber cuáles son nuestras fortalezas y debilidades dentro del proyecto deportivo lo humanizará aun más y será fuente de conocimiento para estar atento y no vernos sorprendidos en su desarrollo, para bien o para mal.

BIBLIOGRAFÍA:

- Balaguer, I. (1994): *Entrenamiento psicológico en el deporte*. Albatros Educación.

- Valentín, Albert (2017): *Dirección Deportiva en un club de fútbol profesional*. Editorial Fútbol de Libro.

- Bermejo Vera, José (1998): *Constitución y Deporte,* Editorial. Tecnos, Madrid.

- Buceta, José M (1998): *Psicología del entrenamiento deportivo*. Dikynson-Psicología.

- Caballo, V.E. (1989): *Teoría, evaluación y entrenamiento de las habilidades sociales*. Editorial Promolibro.

- Carrascosa, J. (1999): *El entrenador, figura clave en la preparación psicológica del equipo*. Revista Training Fútbol, número 45, páginas 18 a 24.

- Cazorla Prieto, Luis. M. (1990): *Las Sociedades Anónimas Deportivas*. Editorial de las Ciencias Sociales, Madrid.

- Cook, Malcolm (2001): *Dirección y entrenamiento de equipos de fútbol*. Editorial Paidotribo. Barcelona

- Couto, A. (2015): *Las grandes escuelas del Fútbol Moderno*. Editorial Fútbol de libro.

- Crespo García, Manuel (2011): *¿Que hace un entrenador cuando se hace cargo de un equipo con la temporada empezada?* Editorial Wanceulen, Sevilla.

- De Diego, S. y Sagredo, C. (1992): *Jugar con ventaja. Las claves psicológicas del éxito deportivo*. Alianza Deporte.

- Díaz Galán, Ismael (2014): *Dirigir Equipos: El Arte de la Estrategia*. Editorial Fútbol de Libro.

– García Sánchez, E. y García Parejo, Silvia (2007): *Los recursos humanos aplicados a la Gestión Deportiva.* Editorial Inde. Barcelona.

– Gómez Pigueras, Pedro (2014): *El Fútbol ¡NO! es así.* Editorial Fútbol de libro.

– González, J.L. (1992): *Psicología y deporte.* Biblioteca Nueva

– Marí Cortes, Pep (2011): *Aprender de los campeones.* Plataforma Editorial, Barcelona.

– Mercadé, O. (2016): Entrenador líder. Psicología deportiva para la gestión de equipos de éxito. Editorial Moreno y Conde Sports SL.

– Mestre, José A.; Brotóns Jose M. y Álvaro, Manuel (2014): *La gestión deportiva: clubes y federaciones.* Editorial Inde. Barcelona.

– Molina, G. (2019): El Método Manchester United: Cómo aplicar con éxito el plan de los inventores del Marketing Deportivo en la era de la transformación digital. Editorial Wanceulen.

– Molina, G. (2019): *Management Deportivo: Del club a la empresa deportiva.* Editorial Wanceulen.

– Pinilla Gómez, Daniel (2017): *El Método Monchi.* Editorial Samarcanda. Sevilla.

– Prados Prados, S. (2002): *Las licencias deportivas.* Editorial Bosch, Barcelona.

– Rettschlag, Quesada, Sergio y Díez García, María Dolores (2015): *Dirección de centros deportivos: principales funciones y habilidades del director deportivo.* Editora Paidotribo.

– Riera, J. (1985): *Introducción a la psicología del deporte.* Martínez Roca.

– Rodríguez Noé, Pablo y Rodríguez Noé, Tomás (2014): *Pensar en equipo.* Editorial Harpastum. Chile.

– Sharma, R.S. (2002): *Las 8 claves del liderazgo.* Editorial Plaza y Janés.

- Tamayo Fajardo, Javier A.; Fernando Martínez Garfia, Fernando y Díaz Trillo, Manuel (2000): *La Gestión Deportiva.* Servicio de publicaciones- Universidad de Huelva. Huelva.

- Varios profesores (2015). Apuntes XIX Curso Superior de Director Deportivo de Fútbol. RFEF.

- Wanceulen Ferrer, Antonio (Coord.); Wanceulen Moreno, Antonio y Wanceulen Moreno, José Francisco (2008): *Bases para el proceso de selección y formación de jóvenes futbolistas para el alto rendimiento.* Editorial Wanceulen. Sevilla.

- Wanceulen Ferrer, Antonio; Valenzuela Lozano, Miguel; Wanceulen Moreno, Antonio y Wanceulen Moreno, José Francisco (2011): *Organización del fútbol formativo en un club de élite.* Editorial Wanceulen. Sevilla.

- Wanceulen Ferrer, Antonio; Wanceulen Moreno, Antonio y Wanceulen Moreno, José Francisco (2019): *Método Wanceulen.* Editorial Wanceulen. Sevilla.

www.ingramcontent.com/pod-product-compliance
Lightning Source LLC
Chambersburg PA
CBHW071236130726
47998CB00003B/982